日本人と動物の歴史

◆著◆ 小宮輝之

② 野生動物

ゆまに書房

もくじ

はじめに　4

シカ　6
シカは日本を代表する野生動物

日本人はシカを
余すところなく利用していた

カモシカ　11
カモシカはシカのなかまではない

ふんで情報交換をするカモシカ

イノシシ　14
イノシシとブタの密接な関係

黒澤映画『乱』に登場した
イノシシの姿は……

神話の時代に登場していたイノシシ

サル　18
世界の北限にすむニホンザル

サルはウマの守り神

タヌキ・アナグマ　21
タヌキは、ドッグフードも大好物

昔話にタヌキがよく登場する理由

ムジナはタヌキか、アナグマか？

キツネ　25
キツネはお稲荷さんのお使い

キツネは女に、タヌキは男に化ける理由

クマ　28
日本人に一番なじみのあるクマは？

クマを人工の「冬眠ブース」で冬眠させる

ノウサギ　31
昔話にカイウサギが出てこない理由

ノウサギの皮がはがれた！

ネズミ　34
家ネズミは、有史以前の帰化動物

ネズミとドングリを奪い合っていた縄文人

リス・ムササビ　37

江戸時代でも、リスは珍しかった!?

空飛ぶリス、ムササビとモモンガ

モグラ　40

モグラはお百姓さんの嫌われ者

モグラは動物園の隠れた人気者

カワウソ・ラッコ　43

河童のモデルになったカワウソ

ラッコは海のカワウソ

アシカ・アザラシ　46

アシカとアザラシの違いは？

アシカはかつて日本全国に生息していた

クジラ　49

クジラはカバの親類！

クジラの新種はこれからもみつかる

ゾウ　52

南蛮船が日本にゾウを連れてきた

ゾウの最大の天敵は人間

トラ・ライオン　56

『万葉集』の時代から知られていたトラ

ライオンはトラに1000年遅れて
日本にやって来た

キリン　60

日本人で最初にキリンを見た人物は？

キリンのおかげで黒字になった上野動物園

パンダ　63

天武天皇はパンダを見ていた!?

パンダを絶滅させないために……

はじめに

　私は1972（昭和47）年に多摩動物公園に飼育係として就職し、上野動物園と井の頭自然文化園で飼育係長、多摩動物公園と上野動物園で飼育課長を務め、2004（平成16）年から2011（平成23）年の7年間は上野動物園の園長でした。ちょうど40年間を動物園で過ごし、多くの動物とつき合ってきました。私が直接に飼育係として動物を飼育したのは、多摩動物公園での最初の14年間で、日本の動物と家畜が担当でした。飼育の現場を離れてからも日本産動物と家畜に関わる機会が多くありました。このシリーズでは動物の人との関わりをたどり、とくに日本人と動物の歴史について、私の動物との交流経験にも触れながら、伝えたいと思います。

　第1巻では、人との関わりが強い家畜について取り上げました。長きにわたり人の生活を支えてきた家畜について、起源や日本への渡来など、歴史をたどります。家畜は身近な存在なので、ふつうの動物と思われがちです。しかし、5000種近い哺乳類の中で、家畜といわれる動物は10～20種しかいません。人類の長い歴史の中で、多くの野生動物を家畜にしようと捕まえたり、飼ったりしたはずなのに、家畜になったのは1パーセントにも満たない動物たちなのです。人類のパートナーとなり、食料や衣料を提供してくれる家畜たちは、実はふつうの動物ではなく、例外的で特別な動物だと思います。私自身が実際に経験したことも交えて、家畜になった動物について触れたいと思います。

　縄文時代からの日本人のパートナーであった日本犬、古墳時代から約1500年にわたり日本人の生活を支えてきたウマやウシなどの日本在来の家畜たちは、経済性優先の世の中では活躍できず、姿を消しつつあります。日本人と日本の家畜について、今も細々と残っている日本在来の家畜の現状も紹介します。

　第2巻では、日本人と野生動物のつき合いの歴史をたどります。

縄文時代の人々は身近な動植物を利用して、1万年以上の長い期間にわたり生活を持続してきました。野生動物の肉は食料であり、毛や皮は衣料にし、骨や角で道具をつくりました。野生動物は神からの授かりものとしてまつり、感謝の気持ちで利用してきたのです。弥生時代以降も野生動物をはじめとする自然の恵みに対する感謝の気持ちを持ち続け、日本各地でいろいろな行事がおこなわれてきました。

　昔から未知なる不思議な動物として日本人を熱狂させた外国産の代表的な動物についても触れました。ゾウ、ライオン、キリンの3種は「動物園の三種の神器」として、動物園になくてはならないスター動物でした。1882（明治15）年に上野動物園が開園してから25年後の1907（明治40）年に、上野動物園ではこの三種の神器がそろったのです。その後、各地に動物園ができ、多くの動物園でこの3種が飼われ動物園を支えてきました。1972年に上野動物園はジャイアントパンダを迎え、一躍人気者になりました。国民を熱狂させた野生動物としてトラを含めて紹介します。

　第3巻では、鳥と日本人の歴史をたどります。ニワトリやアヒルなどの家畜化された鳥を家禽とよびます。家禽も第1巻で、家畜として扱うこともできますが、人との関わりの深い鳥の代表を第3巻にまとめて紹介します。日本の歴史の中で昔から登場する鳥類もたくさん知られています。人の生活が豊かになり余裕ができると、人は動物を飼ったり、植物を栽培したりして楽しむようになります。江戸時代に和鳥とよんだ日本の野生の小鳥や外国から輸入された鳥を飼育する「飼い鳥文化」が花開いたのも、平和な時代だったからではないでしょうか。外国からもたらされた珍しい鳥、美しい鳥、巨大な鳥など、日本人を楽しませ、おどろかせてきた鳥についても紹介します。

シカ

シカは日本を代表する野生動物

　シカのなかまはオーストラリアと南極を除く広い地域に53種もの多様な種類が分布しています。ニホンジカは英名では Sika deer といい、学名も *Cervus nippon* と書き、シカの名は世界でも通用する日本を代表する動物です。江戸時代にシーボルトに依頼され動植物の写生をした川原慶賀のニホンジカには、「オシカ Osika」、「メシカ Mesika」のメモがあります。皮や骨とともに川原の写生図もオランダに送られ、ライデン国立自然史博物館（現、ナチュラリス生物多様性センター）に所蔵されており、「シカ」と言う名が国際的にも使われるきっかけになったようです。しかし、ニホンジカは日本固有種ではなく極東ロシア、中国からベトナムにかけての東アジアにも分布し、鹿の子模様から中国や台湾では梅花鹿（メイファールー）と表記します。北海道に大型のエゾシカ、東日本地域に中型のホンシュウジカ、近畿以西から屋久島、慶良間諸島までに小型のキュウシュウジカが生息しています。

　鹿の子模様は夏毛のシカに見られ、生まれたての子ジカが一番鮮明です。生後1週間くらいまで子ジカはやぶのなかや物陰でじっとしています。鹿の子模様がやぶにとけ込み見つかりにくいからです。母ジカが近くに来た時に立ち上がり、乳をもらいます。脚力に自信がついたころから母親について歩くようになるのです。これが、一番安全な子ジカの身の守り方です。シカは秋になると、明るい夏毛が落ちはじめ、冬には鹿の子模様が消え、こげ茶色の冬毛に「衣替え」をします。

［左］川原慶賀が描いたオスジカの写生図
［右］川原慶賀が描いたメスジカの写生図

鮮やかな鹿の子模様のニホンジカの子

ほとんどのシカはオスだけが毎年1回抜けかわる角をもっています。角は左右1対の2本で、枝分かれする枝角です。草食獣であるシカは肉食獣にねらわれますから、いざとなれば角でオオカミなどを追い払います。ただ、オスジカが武器として角を使う主な相手は、なわばりに入ろうとするオスジカなのです。戦わなくても立派な角を見てライバルは尻ごみし、退散することもしばしばです。角は繁殖シーズンが終わると落ち、伸びてくるまで、オスもおとなしく静かにくらします。円山応挙をはじめ江戸時代のシカの絵は、かたい角を持った鹿の子模様の

『双鹿図屏風』円山応挙

オスが描かれています。本来は角がかたくなるのは秋からで、鹿の子模様は消え、こげ茶色の冬毛になっているのです。

　オスジカの角は春先に落角し、落ちて1週間もすると新しい角が出てきます。成長途中の皮膚におおわれた角を袋角といい、しいたけのように出てきて伸びはじめます。ベルベット状の皮膚におおわれ、うっすらと毛の生えた袋角は、触ると温かです。これは太い血管が走り、多量の血液がカルシウムなど角をつくる物質を運んでいるからです。シカの袋角を粉末にした漢方薬を鹿茸といいます。袋角があっというまに伸びるので、滋養強壮によいとされたのでしょう。角は約4か月で伸びきり、袋角が固まると、盛んに木にすりつけます。「鹿の角磨き」といわれ、血が噴き出すほど激しく擦り、森の樹木にも角とぎの痕跡が見つかります。シカの角のごつごつした模様は血管のあとなのです。角がしっかり固く完成すると、オスジカは山に響き渡る「フィー」という声で鳴き、この甲高い鳴き声は秋の季語になっています。

山に響き渡る声で鳴く、冬毛のオスのエゾシカ

日本人はシカを余すところなく利用していた

　シカはイノシシとともに古代から日本人にとって大事な狩猟獣で、各地の遺跡から骨や角、それに骨や角でつくった道具が出土しています。シカは食用だけでなく、骨や角がもり、釣り針、弓の部品、占い道具、刺し針などの用具にも使われ

『流鏑馬絵巻』。鹿皮製の皮袴をはいている。

春日大社(かすがたいしゃ)のメスのホンシュウジカ

ていました。角は石器を加工するための道具としても使われました。シカの皮も敷物や狩猟用のはかま、足袋などに使われてきました。カウボーイがローハイド（革製のズボンカバー）という皮のはかまのようなものをはいているのを、西部劇で見たことがあると思います。日本の武士のローハイド、鹿皮製の皮袴(かわばかま)は、鹿の子模様が美しく流鏑馬(やぶさめ)のときの狩装束として使われていました。毛は筆に、なめし皮はひも、袋などシカは余すところなく利用されてきました。南西諸島にはヤクシカ、マゲジカ、ケラマジカなど小型のシカが生息しています。これらのシカたちは鹿児島の島津藩や琉球王朝が鹿皮生産のために、九州から持ちこんだキュウシュウジカの子孫と考えられています。生産された鹿皮は朝廷や幕府に献上されただけでなく、中国への輸出品でもあったのです。

　草食動物で、肉に特有の香りがあることから、香宍と書きカノシシとかコウノシシとよばれ、肉を意味するシシの名でもよばれていました。宍狩りとはシカやイノシシを狩る猟で、昔はシカのこともシシとよんでいました。シシマイのシシも、日本では枝角のある唯一の大型野生動物としてシカを意味し、今も東北地方に残る鹿舞(ししまい)からきた言葉という説もあります。角や体の成長の速さから、シカの力を人の衰えを補うために「薬食い(くすりぐい)」として食べたとされ、675（天武天皇(てんむてんのう)4）年の天武天皇による肉食禁止令以後も、薬という名目でシカやイノシシなど野生動物を食べることは続いていたのです。

　シカは立派な角をもつオスの姿から、神の使い、神霊の乗り物とされ、保護してきた地方もあります。茨城県常陸(ひたち)の鹿島神宮、奈良県大和(やまと)の春日大社(かすがたいしゃ)をはじめその分社などのある地では、シカは神の使いとされ、めでたい白鹿を描いた『鹿島立神影図(しまだちしんえいず)』や『春日鹿曼荼羅(かすがしかまんだら)』が信仰の対象として残されています。今でも奈良ではシカが市中で人と共存しているのはその名残です。その反面、オオカミが

シカ 9

鹿島立神影図（奈良国立博物館所蔵）　春日鹿曼荼羅（奈良国立博物館所蔵）

絶滅し天敵のいなくなったシカは森林や農作物の害獣として各地で駆除の対象になっています。2015（平成27）年の推計でニホンジカの数は300万頭を超えました。昔の日本人の「薬食い」という野生動物の利用法は、1000年以上続いた持続可能な自然資源の利用法でした。駆除したシカの有効利用として、ジビエ（狩猟によって食材とされる野生の鳥獣）料理が推奨されているように、現代人も祖先の生き方に学ぶことがあるのではないでしょうか。

はっきりした食痕のあるリョウブの幹が残る、シカの食害にあった奥多摩の森

カモシカ

カモシカはシカのなかまではない

ニホンカモシカは本州、四国、九州の山地に生息する日本固有種の動物で、特別天然記念物に指定されていて切手にも描かれています。名前に「シカ」とついているので間違われやすいのですが、シカ科ではなくウシ科の動物で、ヤギやヒツジに近いなかまです。ニホンジカはオスにしか角がありませんが、カモシカはオスにもメスにも角があります。角は枝分かれしない1本角で、毎年生え替わる角ではなく、折れると再生することはありません。山で拾った毛を折り曲げて、折れなかったらカモシカ、折れたらシカの毛です。シカの毛はカモシカより断面が扁平で、きし麺状なので折れやすく、

ニホンカモシカが描かれた8円切手

色は先端がこげ茶色、真ん中は白く、根元は茶色の3層ですが、カモシカの毛色は単一で、シカの毛に比べ弾力があり、ふわふわしています。

カモシカの毛はシカやイノシシに比べ良質で温かく、敷物の毛せんを織るときに混ぜて使われていました。毛せんは毛氈と書き、氈の字は「かも」とも読み、「かもを織るシカ」からカモシカとよばれるようになったともいわれています。毛皮も猟師の防寒具や腰当、リュックサックのような背

縄文人の防寒具に使われていたカモシカの毛皮と腰当に使われた鹿皮
(新潟県立歴史博物館所蔵)

カモシカ | 11

カモシカの毛皮でつくった背負袋
（市立大町山岳博物館所蔵）

カモシカの毛皮でつくった足皮（防寒用の履物）
（市立大町山岳博物館所蔵）

負袋、手袋、足皮という防寒靴に加工されていました。角はカツオ釣りの擬餌針として利用されています。肉は、タンパク源の少ない山村では大切な恵みでした。奈良時代の『風土記』にはシカの肉に比べシシの肉のほうがうまいと書かれています。このシシはカモシカのことを指し、宍と書き肉を意味する言葉でした。『日本書紀』の飛鳥時代の記述にはカマシシ、鎌倉時代の『拾玉集』でもカモシシとよんでいます。シーボルトがオランダに送った川原慶賀の描いた写生図には、「niku」とメモされていて、カモシカが「ニク」ともよばれていたことを示しています。

カモシカの毛皮でつくった尻皮（防寒具と敷物を兼ねる）（市立大町山岳博物館所蔵）

川原慶賀が描いたニホンカモシカの写生図

ふんで情報交換をするカモシカ

　カモシカは基本的に単独でくらし、子育ての時期だけ母親と子の2頭でいます。この点も群れで生活するシカとは異なります。シカは立ったまま、どこにでもパラパラとふんを落としますが、単独生活のカモシカは決まった場所にふんをして、なわばりの印にし、他のカモシカとの情報交換に役立てているのです。カモシカは地域により体格や毛の色に差があります。東北や新潟など雪深い地域のカモシカは大型で白っぽいものが見られます。標準的な毛の色は茶褐色から灰褐色ですが、四国のカモシカは小型で色が濃いものもよく見られます。カモシカは親子でも毛色の異なるものがいて、子は生まれた時の毛色のまま成長します。

　カモシカはシカに比べると平地よりは山岳地の動物で、岩場や大木の切り株など見晴らしのよい場所でよく休んでいます。こういう場所は、かつて天敵であったオオカミを見つけやすく、オオカミが近づきにくい場所だったのでしょう。カモシカは4本の足に、それぞれ蹄（ひづめ）がついていて、前側の主蹄（しゅてい）は大きく広げることができ、後ろ側の副蹄（ふくてい）をストッパーに使い急斜面を歩き、走ることができます。単独生活のカモシカは蹄の間にある蹄間腺（ていかんせん）から地面や岩に臭いを残し、目の下にある眼下腺（がんかせん）から出る粘液を木にこすりつけてなわばりを主張するのです。単独生活の山岳動物であるため昔の絵師にはなじみがなく、描かなかったようで、絵図などはほとんど残っていません。

見晴らしの良い岩場の上にたたずむカモシカ

眼下腺（がんかせん）を木の幹にすりつけるカモシカ

イノシシ

イノシシとブタの密接な関係

　イノシシはもともとユーラシア大陸と北アフリカのアトラス山脈に分布していましたが、アメリカやオーストラリアにも外来種として定着しています。家畜のブタとして持ちこまれたものが、再野生化してイノシシの生活に戻り、生息している地域も多いのです。イノシシとブタは同種なので、簡単にイノブタをつくることができ、イノシシにそっくりなイノブタもいます。日本でも大型のイノブタを狩猟目的に放したり、原発事故で脱走したブタとイノシシの交雑が起きたりして、新たな外来種問題になりつつあります。アメリカで315キロの大物イノシシを少年が退治したとして話題になったことがありますが、この巨大イノシシもイノブタが野生化してイノシシのように暮らしていたものでした。

　大型動物の少ない日本では、縄文時代からイノシシはシカとともに大事な狩猟獣で、食用にされ、各地の遺跡から骨が発掘されています。弥生時代には、頭骨を神への捧げものとしてまつったと思われる儀式の痕跡も残っています。古墳時代の銅鐸には、イヌを連れて弓矢を構えた人に追い詰められているイノシシが描かれています。イノシシ猟は、イノシシが通る獣道に落とし穴やわなを仕掛けて捕獲したほうが効率よくとれるので、弓矢よりはわな猟が盛んだったと考えられています。古語では宍は食用の肉を指し、「ブー」とか「ウィ」と聞こえるイノシシの鳴き声からウィノシシ、そして「井の宍」と名づけられたとされます。

イノシシと間違えられてもおかしくないイノブタのオス

黒澤映画『乱』に登場したイノシシの姿は……

　武士の軍事訓練を兼ねて、大々的な猟である巻狩りがかつておこなわれていました。源頼朝が1193（建久4）年に富士の裾野でおこなった巻狩りにも大イノシシが登場します。江戸時代、勝川春亭の描いた戦国武将武田信玄の家臣山本勘助の猪狩り図は人気がありました。イノシシは私の飼育係時代の最初の担当動物で、7年間世話をしました。四季のある日本の動物ですから、季節により毛替わりし、冬は毛深く立派に見えますが、夏になると毛が抜けて黒ブタのような姿になってしまいます。ある夏の日、黒澤明監督の助監督さんが、映画『乱』の巻狩りシーンに登場させるため、実物のイノシシを調べにきました。泥浴び中の毛の抜けたブタのような夏のイノシシを見て、「ブタのようですね！」と驚いていました。『乱』の冒頭シーンは夏草の生い茂る夏の場面で、毛の抜けた夏毛のイノシシが登場し、走るシーンが映っていたのです。

『山本勘助（猪狩りの図）』勝川春亭

　イノシシは4〜8頭の子を産み、5対の乳頭で育てます。イノシシを改良してつくられたブタは乳頭が7対に増え、10頭以上の子を産んでも育てることができます。イノシシの子は体にしま模様があり、瓜坊とよばれます。森の木漏れ日の下で、じっとしているとカムフラージュ効果で、なかなか見つかりません。イノシシは体についた汚れや寄生虫を大好きな泥浴びをして落とします。泥浴び場を「ぬた場」とよび、その様子を「ぬたうつ」といい、人が苦しむ様子「のたうち回る」の語源になっています。

ぬた場でぬたうつ、ブタのような夏毛のイノシシ

神話の時代に登場していたイノシシ

イノシシの鼻は匂いをかぐためだけでなく、土を掘るのにも威力を発揮します。この鼻で田んぼや畑をほじくり返されると、作物は大きな被害を受けてしまいます。昔も今も人々は田畑へのイノシシ害に手を焼き、作物を守る工夫をしてきました。現代でも山村へ行くと、電気柵を張り巡らした田んぼや畑を目にします。昔の人々もイノシシ対策として木の柵を組んだり、大きな石を集めて山裾に石垣を築いたりしていました。イノシシよけの石垣は猪垣とよばれ、江戸時代以降には盛んにつくられ、遺構として今でも各地に残っています。対馬では江戸時代に農作物を荒らすイノシシを全滅させ、猪垣も残っていますが、最近になってイノシシが密かに放たれ、対馬の人々は再び

イノシシに荒らされた田んぼ

イノシシに手を焼き、電気柵など新しい猪垣を張り巡らしていました。退治したり、狩り捕ったりしたイノシシは日本人にとって貴重なタンパク源で、江戸時代には「山くじら」として食べられていました。最近、海を泳いで新天地で畑を荒らすイノシシがニュースになりましたが、『北斎漫画』には泳いでいるようなイノシ

『北斎漫画』に描かれた泳ぐイノシシ

『名所江戸百景』より「びくにはし雪中」歌川広重。「山くじら」(イノシシの肉)の看板が大きく描かれている。

霧島の和気神社に飼われている白いイノシシ「あいちゃん」（霧島和気神社）

拾圓札

シが描かれていて、江戸時代にも話題になっていたのかもしれません。

　鹿児島県霧島市の和気神社に白いイノシシ「あいちゃん」が飼われている噂を耳にし、会いに行ったことがあります。和気神社について調べているうちに、1899（明治32）年 亥年発行の拾圓札の裏面にイノシシが描かれていることを知りました。この拾圓札は当時最も高額な紙幣で、「いのしし」の愛称でよばれ、1枚あれば一晩豪遊できたそうです。和気神社は、奈良時代に天皇の位を奪おうとした僧道鏡に追放された和気清麻呂の流刑地をまつった神社でした。京都からの道中、300頭ものイノシシが現れ、足を痛め歩けない清麻呂を乗せ、山道を案内し、守ったと伝えられています。清麻呂は名誉回復し、明治時代の最高額のお札の表に、守護神のイノシシは裏面に描かれたのです。和気神社の社前には狛犬ではなく対の猪像が置かれていました。日本武尊も山神の白イノシシに遭遇しますが、白イノシシの出現もめでたいこととされていました。こうした神話にイノシシが登場するのも、日本では昔からイノシシが人々にとって身近な数少ない大型動物であったからではないでしょうか。

和気神社の守り神の猪像

サル

世界の北限にすむニホンザル

サルを含む霊長類の分布はヒトを除くと熱帯が中心で、アジアでは温帯地域にも生息しています。ニホンザルは野生の霊長類では最も北に分布し、青森県下北半島のニホンザルは世界の北限ザルとして知られています。ニホンザルは日本固有種で、本州、四国、九州のホンドザルと、屋久島にいる少し小型で四角い顔つきのヤクザルがいます。タイワンザルやアカゲザルなどニホンザルの近似種の多くは長い尾を持っていますが、ニホンザルは尾が短いのが特徴です。長い尾のサルを寒いところで飼っていると、冬に霜焼けになりやすく、尾が短くなってしまうことがあります。ニホンザルの尾が短

下北半島のニホンザルは世界の北限ザル

いのは寒冷地にすんでいることへの適応かもしれません。

ニホンザルを世界的に有名にしたのは、1970（昭和45）年の雑誌『LIFE』の表紙に「スノーモンキー」としてのったニホンザルです。長野県地獄谷温泉で頭にうっすらと雪をのせてサルが温泉につかっている写真でした。欧米

温泉につかる地獄谷温泉の「スノーモンキー」

の人々にとってサルは熱帯の動物というイメージが強く、スノーモンキーを一目見ようと地獄谷温泉には世界中から観光客が訪れるようになりました。ヨーロッパや北アメリカの動物園や研究所からニホンザルを入手したいという要望も届くようになりました。これらの地域にはサルが分布していないので、寒さに強いニホンザルは屋外で、群れで飼育でき、展示や研究の対象として人気があったのです。

サルはウマの守り神

ニホンザルは北海道と沖縄を除く全国に生息していて、縄文時代の遺跡から、サルを食用にしていたと考えられる骨が出ていますし、古墳からはサルの埴輪も出ています。『さるかに合戦』『桃太郎』など日本の昔話にサルが登場するのは、人里にも出没し、人に似た動作を見せる特別な存在として見られていたからでしょう。日本では昔から、ウマを守るために、サルを厩で飼うことがありました。サルをウマの守り神とする思想はインドや中国で起こったもので、古墳時代にウマが日本に渡来したときに伝わったようです。厩にサルの頭骨を置いたり、烏帽子をかぶったサルの板絵を掲げたりして、厩を祈祷する習慣は大正時代まで見られました。猿回しの芸は、厩のおはらいをするために、サルを調教して舞わせたのがはじまりだともいわれています。江戸時代になると、猿回しは見世物として、街中や神社の境内などでおこなわれるようになったのです。

『能楽図絵』より「狂言 靭猿」月岡耕漁（立命館大学ARC所蔵）

猿回しや厩で飼われるサルなど観察機会のある野生動物として、江戸時代にはサルがよく描かれました。その中でサルを描かせたら右に出る者はいないと言われたのが森狙仙です。狙仙は飼われているサルや猟師から手に入れた死体の写生では満足せず、山中で野生のサルを観察し、動作仕草を体得したと伝えられています。竹内栖鳳は自宅にサルを飼い写生したとされ、『飼われたる猿と兎』は、厩で飼われたサルの雰囲気も感じる作品です。

『飼われたる猿と兎』竹内栖鳳

『梅花猿猴図』森狙仙

上野動物園にはゴリラからアイアイまで様々なサルがいます。そのなかで昔から根強い人気があるのはサル山のニホンザルです。上野のサル山は日本初のもので、1931（昭和6）年に完成した歴史的な施設です。房総半島のサル生息地、高宕山にある岩山をモデルに当時の最高の左官技術でつくられました。日本各地にサル山ができていますが、今でも上野動物園のサル山はニホンザルにふさわしい山水画の世界を彷彿とさせます。北限のサルを見たい、スノーモンキーを見たいという外国からの来園者も多く、2010（平成22）年からは北限のサル、下北半島のニホンザルが飼われています。できてから90年近くたちましたが、サル山は当時の姿で今も健在で、修学旅行の生徒たちの集合場所になるなど、上野のシンボル的存在です。

上野動物園のサル山

タヌキ・アナグマ

タヌキは、ドッグフードも大好物

タヌキは東アジアに分布するイヌ科動物で、外来種としてヨーロッパにもすみついています。日本には本州以南にすむホンドタヌキと北海道のエゾタヌキが生息しています。ホンドタヌキは本州、四国、九州、佐渡島、瀬戸内海の島々など各地に分布し、山地の森林から雑木林や農地など人里、市街地でも見られます。エゾタヌキは森林や原野にすみ、林縁や農地にも出てきますが、ホンドタヌキのように市街地にはあまり出てきません。ホンドタヌキより少し大型で、とくに冬毛は長く密に伸びるので、冬期はより大きく見えます。

タヌキは雑食性で果実、ドングリ、昆虫などを食べ、鳥やヘビ、カエルなども食べます。自然のえさだけでなく、パンやごはん、うどんなども好きで、夜になってゴミ捨て場をあさるものもいるのです。ドッグフードを失敬して、イヌにほえられ、騒がしいのでタヌキの出没を知ったという話もよく聞きます。東京都心の明治神宮の森、皇居の森にもすみついていますが、えさに困らない街中でくらしているタヌキも多く、東京では23区の

［上］都心の上野公園で暮らしていた野生のホンドタヌキ
［下］冬毛でふっくらと見えるエゾタヌキ

ほとんどで存在が確認されているのです。

タヌキは日本人に最もなじみのある野生動物のひとつです。狸顔、狸親爺、狸そばというように、いろいろなたとえや食べ物にもその名が使われています。日本ではお稲荷さんのお使いとしてキツネをまつる神社は多いのですが、四国では

狸大明神などのほこらが街のあちこちにあり、タヌキをまつっています。佐渡島はキツネが生息していないので、タヌキが一番大型の野生動物です。私はトキの保全活動のため、佐渡島に何度も行きましたが、夜になると田んぼのあぜでえさを探しているタヌキをよく見かけたものです。

昔話にタヌキがよく登場する理由

『かちかち山』のタヌキは悪役でウサギに懲らしめられます。館林市の茂林寺の伝説『文福茶釜』は化けた茶釜から戻れなくなった間抜けなタヌキが主人公で、助けてくれた古道具屋に福を分けて恩返しをします。木更津市證誠寺由来の童謡『証城寺の狸囃子』は寺に伝わる伝説から大正時代につくられた楽しい童謡で、英語版まで出されアメリカでもはやりました。タヌキはお寺が似合うようで、狸伝説の舞台の多くはお寺です。酒好きの古狸が和尚さんに化け、酒を買い、とっくりを持って寺へ帰っていくのは現在の東広島市にあった旦願寺のお話で、とっくりをぶら下げた信楽焼のタヌキのモデルになりました。

『かちかち山』の老女に話しかけるタヌキ

タヌキが日本の昔話によく出てくるのは、里の動物で古くから日本人にとって身近な動物のひとつだったからです。キツネと並んで人を化かす昔話がたくさんありますが、タヌキの化かし方は滑稽で、すぐに正体を現してしまいます。タヌキは人間に捕まったりイヌに追いかけられたりすると、気絶し死んだように転がり動かなくなります。油断をしているすきを見て、突然逃げ出し走り去ってしまいます。この習性から「狸寝入り」とか「狸のそら死に」といった言葉が生まれ、

滋賀県、信楽焼の里

タヌキは死んだふりをすると思われるようになり、いかにも人をだまし、化かすということになったのでしょう。

「狸の金玉八畳敷き」という言葉があるので、タヌキの睾丸は大きいと勘違いする向きがあります。実際にはタヌキの睾丸は小さく、信楽焼のタヌキのような巨大な陰のうは持っていません。金をたたいて金ぱくをつくるときに、槌で直接たたくのではなくタヌキの皮に包んで、たたいていたのです。小さな金の玉が八畳ほどの広さの金ぱくにのびたことから言われ出したようで、歌川国芳の『狸のあみ打』や桃山人作『絵本百物語』の竹原春泉斎の「豆狸」に、巨大なタヌキの陰のうが描かれています。

『狸のあみ打』歌川国芳

『絵本百物語』より「豆狸」竹原春泉斎

ムジナはタヌキか、アナグマか？

タヌキに体形も顔つきも似ている動物にアナグマがいます。アナグマも日本人にとって身近な動物です。タヌキはイヌ科ですが、アナグマはイタチやテン、カワウソなどと同じイタチ科の動物です。アナグマとタヌキはムジナの名で混同されています。アナグマをムジナとよぶ地方と、タヌキをムジナとよぶ地方があるのです。タヌキは自分で穴を掘ることはできないので、よくアナグマの掘った穴を利用します。アナグマは穴掘り名人で、出入口がいくつかある長いトンネルを掘り、すみ家にしています。アナグマをあぶり出そうと出入口でたき火をして煙を送りこんだところ、別の出入口からタヌキが跳び出すことがありました。外見の似た両種が同じ穴にいることもあり、「同じ穴の貉」という、生態に根拠のある言

「まみ」ともよばれるアナグマも、タヌキと同じように隈取り顔

葉が生まれたのです。シーボルトの絵師、川原慶賀の絵にアナグマ、タヌキともう一枚ムジナがあります。生き物を得意とする絵師でさえもムジナの存在には混乱していたようで、アナグマでもなくタヌキでもない動物を、想像をたくましくして描き上げたものなのでしょう。

アナグマのトンネルの出入口はよく竹やぶや笹やぶで見つかり、アナグマを笹熊とよぶ地方もあります。多摩動物公園の園内にもアナグマがすんでいて、笹やぶのあちらこちらにトンネルの出入口がありました。冬は動きが鈍くなり、本格的な冬眠ではありませんが冬ごもり状態になり、トンネル内で寝て過ごす時間が長くなります。春にトンネルの巣で2～3頭の子を産み、7月ころになると子連れで、えさを求めて出てくるようになります。冬ごもり前の秋のアナグマは皮下脂肪がつき大変おいしいそうで、「狸汁」や「狸鍋」は、実際にはアナグマのことが多かったようです。アナグマの脂肪はやけどやひび割れの薬としても使われ、重宝したそうです。

川原慶賀の描いた写生図　［左］アナグマ　［中］タヌキ　［右］ムジナ

キツネ

キツネはお稲荷さんのお使い

　日本のキツネは、北半球に広く分布するアカギツネのなかまで、北海道のキタキツネと本州以南にいるホンドキツネがいます。キタキツネはホンドキツネより少し大きく、耳の裏と四肢の黒斑(こくはん)がくっきりと目立ちます。海岸沿いから高山帯までの原野、農地、牧草地、森林だけでなく人家近くでも見られ、昼間でも人目につき、ゴミ捨て場の残飯や捨てられたウシの胎盤(たいばん)を食べているものもいます。ホンドキツネは、少し毛色が濃く、四肢の黒斑はありません。山地の森林に生息し、林縁(りんえん)部の農地などでネズミや鳥などを捕りますが、キタキツネより警戒心が

足の黒斑(こくはん)のはっきりした北海道のキタキツネ

丸まって休む、本州以南にすむホンドキツネ

強く、あまり人目につきません。秋にはコクワやアケビなどの果実も食べます。

キツネはタヌキとともに日本人には身近な里山の代表的な動物で、昔話にもよく登場します。雑食性の強いタヌキに比べるとキツネは肉食中心で、畑や林を荒らす鳥や昆虫、ネズミやノウサギの天敵として、昔から農民に大事にされてきました。キツネはタヌキと違い自分で巣穴を掘り、田畑が見下ろせるような小高い丘などに巣を構えます。朝や夕方に巣から出て来て、ネズミを捕る姿をお百姓さんは見てきました。昔からキツネは農耕神かその使者と見られ、お稲荷さんのお使いとして信仰の対象になってきたのも、そうした食性や生態に基づくものなのです。

伏見稲荷大社。キツネはお稲荷さんのお使い

キツネは女に、タヌキは男に化ける理由

平安時代の名高い陰陽師である安倍晴明の父、保名は狩人に追われる白狐を助けましたが、斬りつけられてしまいます。命を助けられた白狐は、「葛の葉」という美しい女性に化けて保名を介抱し、やがて夫婦になり童子丸という子を産んだのです。童子丸5歳のとき、葛の葉の正体が白狐であることが露見して、キツネは森に帰っていきました。童子丸は成長して、高名な陰陽師になりました。人と動物との間に誕生した子が特別な能力をもっていたという伝説は各地にありました。とくにキツネは女性に化け、特別な霊力を持った子を産み、子孫が繁栄したというような昔話が残っているのです。

タヌキは和尚さんなど男に化けるのに対し、キツネがよく女性に化けるのは、ずんぐりしたタヌキとスマートなキツネの体形の差なのでしょう。「狐の嫁入り」伝説も各地に伝えられています。昭和時代まで、夕方ちょうちんを照らしながらの結婚式の嫁入り行列がおこなわれていました。天気雨など自然現象で起こる怪しい光が見えると、「狐の嫁入り」のちょうちんの火と信じたのです。江戸の王子稲荷神社に大みそかに集まるキツネを描

『江戸名所道戯尽 十六 王子狐火』歌川広景

『白狐図』円山応挙

いた歌川広景の『江戸名所道戯尽 十六 王子狐火』は、人をだまして大名行列気分になっているキツネの雰囲気を楽しませてくれます。現代においても「狐の嫁入り」にまつわる神事やお祭りが日本各地でおこなわれているのです。

日本ではキツネもタヌキも身近な動物だったので、主人公にした昔話がたくさんあります。『イソップ物語』『グリム童話』など西洋にはキツネをずる賢い題材にした話が多いのですが、タヌキは出てきません。これはキツネが北半球に広く分布するのに対し、タヌキは東アジアの動物だからです。

『イソップ物語』より「すっぱいブドウ」のキツネ

キツネ | 27

クマ

日本人に一番なじみのあるクマは？

日本にはクマが2種類すんでいます。北海道のヒグマは、ユーラシアから北アメリカまで、北半球に広く生息する大型のクマです。本州、四国に分布し、かつては九州にもいたツキノワグマは、アジアに生息する胸に白い月の輪模様のある黒いクマで、ヒグマに比べると小型です。ツキノワグマはヒマラヤグマとかアジアクロクマという種名でもよばれますが、日本人にはツキノワグマの名が一番なじんでいます。ツキノワグマはどんなに小さくとも必ず胸に白斑をもっています。外国のヒグマには月の輪模様のないものが多い一方、北海道のエゾヒグマは月の輪模様のある個体がよく見られます。

クマは人に危害を加えます。秋にブナやカシ、ナラなどのドングリがたくさんなる年には十分に栄養をつけて冬眠に入り、メスは冬眠中に出産します。栄養状態がよいのでたくさんの子グマが育ちます。その次の年にドングリが不作だと、おなかを空かせた若いクマが人里まで出てきて、人と遭遇して事故が増えるのです。ツキノワグマは本来、植物食中心で春の冬眠明けにはフキノトウなどを食べ、初夏のころは笹やぶでたけのこを夢中になって食べています。

ヒグマは日本最大の陸上動物

胸の月の輪がトレードマークのツキノワグマ

北海道のエゾヒグマには胸に大きな月の輪があるものもいる。

初夏の笹やぶでとれる根曲り竹のたけのこは人間にもおいしく、春の事故はたけのこ採りに夢中のクマと人が出くわすことが原因でよく起きます。山菜採りの事故は北海道のヒグマでもときどき起きています。クマによる事故が多い年は4〜5年に一度あり、多い年にはツキノワグマだけで5000頭も駆除されているのです。

ツキノワグマは九州では絶滅したと考えられています。九州は日本でもいち早く人が住み、森が切り開かれた場所です。クマは狩猟の対象でしたが、ただ食料を得るというより畏敬の念を抱きながら狩っていました。九州ではクマ1頭を得ると墓を1基立ててまつったという伝承が残っています。クマは肉や毛皮などの利用に加えて、熊の胆が薬用に高価だったため、山間の人々には魅力的な獲物だったのです。九州でクマが絶滅したのも、早くから開発が進み、人との接点が多かったことによるのではないでしょうか。シーボルトの絵師川原慶賀は長崎で絵を描いていましたから、オランダに送ったクマ図のモデルは絶滅した九州のツキノワグマだったかもしれません。今でもツ

高価な薬として、熊の胆は昔から使われてきた。

[左] 九州産かもしれないツキノワグマ 川原慶賀
[右] 『列猛伝 足柄金太郎』 歌川国芳

キノワグマが多いのは東日本で、昔から身近な存在として「金太郎」伝説などクマにまつわる昔話も残っています。

クマを人工の「冬眠ブース」で冬眠させる

アイヌの人々はヒグマを神霊としてカムイとよんでいました。アイヌの人々はヒグマを仕留めると呪文を唱えて解体し、子グマを捕まえると、しばらく飼育してイヨマンテという熊祭りをおこなって殺し、神のもとへ送ったのです。明治以降になって和人が入植し北海道の開拓がはじまると、ウシやウマなどの家畜がヒグ

マとオオカミの犠牲になり、多くの人がヒグマに襲われ命を落としました。江戸時代の浮世絵師竹原春泉斎は桃山人の『絵本百物語』に鬼熊という牛馬を襲うクマの妖怪を描いていますが、まさしくヒグマに当てはまるイメージです。今でも養蜂業やビートなど畑作物への被害があり、ヒグマは大きいだけに危険で被害もばかにならず、知床などでは人とヒグマの共存への様々な取り組みがおこなわれているのです。

『絵本百物語』より「鬼熊」竹原春泉斎

　私が最初に多摩動物公園で担当した大物動物がヒグマとツキノワグマでした。冬になるとみんな眠そうで、落葉を集めて丸くうずくまっていたので、冬眠させたいと思っていました。21世紀になって上野動物園のクマ舎の建て替えが決まりました。若いころ世話をした眠そうなクマたちを思い出し、新しい施設では冬眠できる部屋、冬眠ブースをつくりました。クマを冬眠させるため、冷蔵庫のような冬眠ブースにえさを与えずに閉じこめました。クマが冬眠することは日本人ならほとんどの人が知っていますが、かわいそうという動物愛護の思いの強い人からは抗議をうけました。しかし、これはクマの生態を正確に伝えるための、新時代にふさわしい試みだったのです。ツキノワグマの若いメスを選び、低温にセットされた冬眠ブースに3か月間閉じこめました。この間えさは食べず、ふんをせずに冬眠して、春3か月ぶりに目覚めた日にふんをしました。体重は11キロ（全体重の約2割）減り、軽やかに穴から出てきました。翌秋もたくさんえさを食べ、冬眠に入り、子を産み育て、翌々春には母子で冬眠ブースから出てきました。次の冬は母子いっしょに冬眠させたところ、仲良く並んで寝てくれたのです。

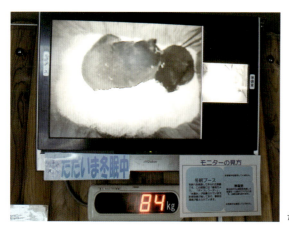

母子で冬眠した上野動物園のツキノワグマ

ノウサギ

昔話にカイウサギが出てこない理由

日本には2種のノウサギが生息しています。本州、四国、九州、佐渡島、隠岐島(おきのしま)にすんでいるノウサギは日本固有種なので、ニホンノウサギとよぶこともあります。北海道にいるノウサギは大型でニホンノウサギとは別種なので、ユキウサギとよんでいます。ユキウサギはシベリアからヨーロッパにまで広く分布しています。ユキウサギと、東北から北陸、山陰地方の冬に雪がたくさん積もる地域のノウサギは、茶色い毛が冬になると真っ白に変わります。佐渡島のノウサギも短い期間ですが、雪の積もる時期に合わせて白くなります。それに対して、本州の暖かい地域と四国、九州、隠岐島のノウサギは一年中茶色い毛色のままなのです。

日本の昔話に出てくるウサギや、ウサギ狩りをして捕まえて食べていた野山のウサギは、ノウサギです。ウサギは1頭とか2匹と数えずに、鳥のように1羽2羽と数えていました。古来の日本人が肉食を禁じたのは、人の生活を支えていたウシやウマに対するもので、シカやイノシシの狩猟はおこなわれていました。ノウサギも狩猟対象で、大きな2本の後ろ足で跳びはねる姿から鳥扱いの1羽、2羽と数え、食べていたのです。カイウサギが日本に入って来たのは室町時代、

後ろ足が長く、耳の先が黒いノウサギ

［上］雪国のノウサギは冬に白く変身する
［下］冬に耳の先の黒斑(こくはん)を残して全身が白くなる北海道のユキウサギ

一般に普及したのは江戸時代といわれています。ということは、『鳥獣人物戯画』の兎も『かちかち山』の兎も、大国主命、大黒様に助けられた『因幡の白兎』も、カイウサギのいなかった時代の話で、主人公はみんなノウサギなのです。

ノウサギの子は生まれたときから毛が生え、眼も開き、歯も生えはじめています。カイウサギは人の親指ぐらいの大きさで、眼も開いていない赤裸の子を産み、3週間ぐらいして、やっとノウサギが生まれた時と同じくらいになるのです。妊娠期間は、ノウサギが45日前後でカイウサギは1か月ぐらいです。ノウサギは群れをつくりませんが、カイウサギは群れ

生まれたばかりのノウサギの子

でくらし、ノウサギが平均3頭ほどしか産まないのに対し6～12頭と多産です。ヨーロッパではこうした違いがわかっていたので、ノウサギをヘア、カイウサギをラビットと別々の名前をつけました。

ノウサギの皮がはがれた！

　私自身もノウサギをカイウサギのイメージで扱い、失敗したことがあります。

出雲大社の大国主命と因幡の白兎像

保護されたノウサギを箱から出す時に、カイウサギと同じように背中の皮膚を持ったら、皮膚が大きくはがれてしまったのです。しかし、命に別状はなく、どんどん治って、2か月ぐらいで毛が生えそろい完治しました。これはトカゲのしっぽと同じで、タカやキツネにつかまった時、皮膚だけはがれても命は助かるのでは、と気づきました。そして、出雲神話の『因幡の白兎』の話を思い出したのです。「ワニ」とよばれている大きなサメをだまし、皮をむかれた白兎を大黒様が真水で洗い、蒲の穂に寝かせて治した物語です。ノウサギの皮膚に毛が生え回復す

る様は、蒲の穂がはじけた状態にそっくりでした。

　『因幡の白兎』の主役は、山陰地方に昔から生息している冬毛の白いノウサギです。耳はカイウサギほど長くなく、先が黒いのが特徴で、この特徴は『鳥獣人物戯画』の兎にきちんと描かれています。10世紀に編纂された『延喜式』に「赤兎は上瑞、白兎は月の精で千年生きるものであり、その出現は中瑞である」とあり、白兎も吉兆を示す霊獣でした。鳥取市には白兎をまつる白兎神社をはじめ、兎大明神をまつっている神社があります。白兎がワニをだました白兎海岸もあります。また、島根県の出雲大社には大黒様と白兎の像が置かれています。しかし、残念ながらこの白兎はノウサギではなく、目の赤い白兎というイメージをつくった、耳の大きな日本白色種と思われるカイウ

平安時代の『鳥獣人物戯画』には、正確にノウサギが描かれている。

サギでした。きっと、古代の人々のほうが正確に自然を見ていたのでしょう。江戸時代以降に描かれたり、彫られたりしたウサギはほとんどがカイウサギをモデルにしています。狩野探幽の『波に兎』は泳がないウサギを『因幡の白兎』のイメージで目の黒いノウサギのように描いています。竹久夢二の描いた『よき朝』は、ノウサギをカイウサギのように膝にのせた不思議な作品です。

　なお、野生動物ではなく、家畜としてのウサギは、「第1巻（家畜）」で紹介していますので、こちらもあわせてお読み下さい。

［左］『波に兎』狩野探幽
［右］『よき朝』竹久夢二

ネズミ

家ネズミは、有史以前の帰化動物

　ネズミのなかまは世界で約1400種が知られ、日本には21種が生息しています。代表的なものに、家ネズミとよばれるドブネズミ、クマネズミ、ハツカネズミがいます。森にはアカネズミ、ヒメネズミ、ヤチネズミ、草原や畑にはハタネズミ、カヤネズミなどの野ネズミが生息しています。南西諸島にもケナガネズミやトゲネズミという、日本固有種の特殊なネズミが生息しています。北海道にはエゾヤチネズミやカラフトアカネズミなどユーラシア大陸との同種のネズミがいます。

　ドブネズミ、クマネズミ、ハツカネズミの家ネズミ3種は古い時代の外来種とされ、有史以前に人の移動といっしょに日本に入ってきた帰化動物です。江戸時代後期の浮世絵師、鳥山石燕は妖怪画を得意とし、『画図百鬼夜行』でネズミを従え、経典をむさぼる鉄鼠という妖怪鼠を描いています。ネズミは、人の移動とともに全国に広がりました。ドブネズミは茶色がかった毛色で、大きく攻撃的で都市の下水道などをすみ家にしています。江戸時代後期にネズミ画を得意とした、白井直賢の描いた茶筅をかじるドブネズミは見事な出来栄えです。クマネズミは黒っぽく少し小型で、高いところによく登り、天井裏に入りこんだりします。高層ビルにすみついているのはクマネズミで、配線をかじって停電させたり、火災をおこしたりすることもあるのです。ハツカネズミは小さな家ネズミで、田畑が

水辺にすみ下水道などを通じて人家にも侵入するドブネズミ

河原や畑に生息し、草を編んで巣をつくるカヤネズミ
（松山龍太氏提供）

『画図百鬼夜行』より妖怪「鉄鼠」
鳥山石燕

『鼠図』白井直賢（大阪市立美術館所蔵）

『北斎漫画』より「家久連里」二代目歌川国輝

周りにある農家の納屋や鶏小屋のすき間で生活しています。『北斎漫画』の「家久連里」も、人々を悩まし続けるネズミたちを楽しそうに描いています。

　江戸時代に伊藤若冲が描いた『鼠婚礼図』には人家の周りで人の食べ物を頼りに生きているネズミの様子が楽しく描かれています。若冲は京都の高倉錦小路にあった青物問屋で40歳まで家業をつとめていましたから、ネズミに悩まされながら、観察も怠らなかったのでしょう。ネズミの前足の指は4本で、前足でものをつかんで食べることができます。モデルはドブネズミでしょうが、一匹一匹が形態的にも生態的にも正確に、どのネズミも楽しげに描かれています。

『鼠婚礼図』伊藤若冲

ネズミとドングリを奪い合っていた縄文人

　アカネズミとヒメネズミは日本固有種で、日本の山林にすむ代表的な野ネズミです。アカネズミのほうが少し大きく、平地近くの里山にも生息し主に地上で生活しています。ヒメネズミはやや小型で尾が長く、奥地の森林に生息し、樹上でも活動し、小鳥の巣箱を巣として利用することもあります。アカネズミとヒメネズミは固有種ですから、縄文人より前から日本に生息していたはずです。両種とも秋になればドングリやクルミをたくさん食べます。縄文人にとってもドングリは大事な食料でしたから、1万年の昔から人とネズミの争いがはじまっていたのです。

　弥生時代になり農耕民が土地に定着すると、もっと激しい戦いがはじまりました。ハタネズミも日本固有種で、すみ家の草原が畑や田んぼになると、穀物や作物を食べるようになり、栄養状態がよくなって増え続けました。人といっしょにやって来た家ネズミたちも、収穫し貯えていた穀物を食い荒らしました。日本神話にはネズミがよく登場しますから、古墳時代もネズミに人々は悩まされたことでしょう。このころ、ネコが朝鮮半島を経由して日本にもたらされ、人とネズミの戦いに人の味方として参戦しました。ネズミと人の戦いは縄文時代の昔から現代にいたるまで続いているのです。

　なお、野生動物ではなく、家畜としてのネズミ（ラットとマウス）については、「第1巻（家畜）」で紹介していますので、こちらもあわせてお読みください。

［上］縄文人のライバルだったアカネズミ
［下］弥生時代から農耕民のライバルとして田畑に侵出したハタネズミ

リス・ムササビ

江戸時代でも、リスは珍しかった!?

日本にはリスのなかまが7種生息しています。本州以南に分布するニホンリス、ムササビ、ニホンモモンガの3種は日本固有種です。北海道に分布するエゾリス、シマリス、エゾモモンガはユーラシア大陸にも広く同じ種が生息しています。もう1種のタイワンリスはもともと台湾のリスですが、伊豆大島など温暖な地域に居ついた外来種です。

九州や中国地方ではニホンリスはほとんど見られなくなり、絶滅が心配されています。東日本に比べると早くから人が住みはじめ、森林が伐採されていったことでリスの生息可能な環境が失われたからなのかもしれません。東京でも現在では高尾山など郊外の森に行かなければリ

日本固有種のニホンリス

スを見ることができません。江戸時代にはすでに、山間部に住む人々には知られていても、平地ではなじみが薄い動物だったようで、『大和本草（やまとほんぞう）』ではテンのなかまのように書かれ、『本朝食鑑（ほんちょうしょっかん）』でもリスをムササビの子としているのです。シーボルトの絵師、川原慶賀（かわはらけいが）もムササビの子をリスとし、ムササビはリスとコウモリを合成したように描いているのです。

[左] 川原慶賀（かわはらけいが）がリスとして描いたムササビの子
[右] 川原慶賀がムササビとして描いた不思議な動物

井の頭自然文化園では、武蔵野の林にリスを復活させようと、リスをたくさん殖やしました。そして、「リスの小径」という来園者が中に入れる大きなケージをつくり、まず人とリスが共存できるか実験をしました。動物園で育ったリスたちは、お客さんの肩にのったりするものもいて期待は膨らみました。しかし、園内の林に放すのはなかなか難しく、武蔵野の林へのリスの復帰はまだ実現していません。

空飛ぶリス、ムササビとモモンガ

　私の住む八王子にある高尾山には、ムササビもすんでいます。ムササビとモモンガは夜行性の空飛ぶリスで、ムササビは高尾山の参道や薬王院の境内などの巣穴の前で夕方から待っていると、巣穴から顔を出し、するっと出て来て杉のこずえまで登っていく姿を見ることができます。「グルルル……」と大きな声で鳴くと、こずえから飛んで見事な滑空を見せてくれるのです。ムササビは今でも寺社の大木など、人里に生息し、大型なので昔から知られていて『万葉集』にも歌が詠まれています。バンドリ（晩鳥）、ノブスマ（野衾）、ヨブスマ（夜衾）、モマなど各地で様々な名でよばれていました。高尾山には天狗伝説があり、天狗と天狗の家来である烏天狗の像が境内でにらみを利かせています。夜道などで空から急に座布団のような大きさのムササビが飛んでくる様子は、街灯のない時代には天狗が頭上をかすめたように恐ろしいものだったのではないでしょうか。

　モモンガはムササビとも混同されていて、モモンガがいるという林に案内されて、出てきたのはムササビだったということがありました。小型なのでムササビほど簡単に野生で見ることは難しいのです。同じ夜行性のフクロウ類が天敵なので、巣穴

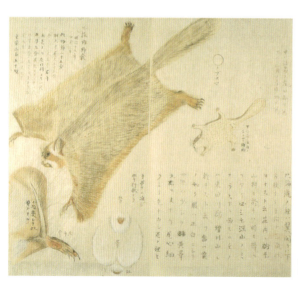

『両羽博物図譜』に描かれたムササビ

『両羽博物図譜』に描かれたモモンガ

から顔を出すとあっというまに幹を登り枝葉の中に消えてしまうからです。飛んだ時、ムササビは長方形に見え、モモンガは五角形に見えますが、すばやく飛ぶので、樹間に入るとすぐ見失ってしまいます。江戸時代に庄内藩の松森胤保が描き編纂した『両羽博物図譜』に両種の飛翔したときの違いがわかる図がのっています。モモンガは数匹が同じ巣穴を利用することがあり、とくに冬季のエゾモモンガは暖を取るためか多数が同じ巣穴に入ってくらします。

北海道では札幌の街中にある円山公園にもエゾリスとシマリスがすんでいて、簡単に観察できます。本州で簡単に観察できるリスは外来種のタイワンリスで、鎌倉などでは市中の小さな林に姿を見せます。伊豆大島に行くとツバキの幹にしま状の跡がついています。これはタイワンリスがかじった跡で、ツバキ油の原料であるツバキの実への食害など、問題を起こしているのです。

北海道では街中の公園にもすんでいるエゾリス

ツバキの幹についたタイワンリスの食痕

モグラ

モグラはお百姓さんの嫌われ者

　日本には8種のモグラが生息し、すべてが日本固有種です。モグラは泳ぐことはできますが、さすがに海を渡ることは無理で、日本列島で独自に進化したのです。日本でモグラといえば、ふつうはアズマモグラかコウベモグラのことで、このなかまは*Mogera*すなわちモゲラ属という学名がつけられています。名前のとおりアズマモグラは東日本を中心に、コウベモグラは西日本に分布しています。両種の生息する境界は徐々に北進し、大型のコウベモグラが分布を広げつつあります。西日本の高地に残るアズマモグラも、コウベモグラによって平地から追いやられたものと考えられているのです。

　日本のモグラの標本と図をヨーロッパに送ったのはシーボルトで、オランダ帰国後『ファウナ・ヤポニカ』を出版しています。『ファウナ・ヤポニカ』の動物画は川原慶賀の描いた絵図を描き直したものもあるようです。川原のモグラ図は可愛らしいモグラが描かれていますが、『ファウナ・ヤポニカ』のモグラとヒミズの図は標本から写実的に描かれた図鑑画として記載されているのです。

　モグラは昔からお百姓さんに嫌われてきました。その原因は、田畑のあぜなどにトンネルを掘って、田んぼの水漏れを起こしたり、稲を倒したりすること、畑の作物の根を浮かしてだめにしてしまうことなどです。モグラのトンネルはミミズやケラ、昆虫の幼虫など地中の生き物の落とし穴です。モグラはトンネルに落ちてきた獲物を食べてくらす肉食動物で、

山里で頭を出したモグラ

シャベルのような前足でトンネルを掘るアズマモグラ

イモなどの作物の根は食べません。モグラの姿はなかなか見ることができませんが、モグラ塚なら知っていることでしょう。モグラ塚はモグラが掘り、外にかきだしたトンネルの残土なのです。

モグラは漢字では土竜と書きます。土の中のモグラのトンネルはまるでヘビや竜のように細長くのびているので、この漢字があてられたのでしょう。昔から地方によりウゴロモチ、ムグラモチ、イグラモチ、オンゴロモチなどいろいろな方言でよばれてきたのも、お百姓さんたちにとって困った存在だったからです。西日本ではモグラを亥の子とよんで、亥の神としてまつり、田の神として扱う地方もありました。東日本では、わらを束ねて固く巻いた棒で地面をたたきまわる、モグラたたきをして遊ぶ子どもの行事がおこなわれていました。

モグラの大きな前足、退化した目、鋭い嗅覚などはトンネル生活への適応です。モグラの毛は柔らかく垂直に立って生えているので、昔から刀の汚れをぬぐったり、美術品のほこりをはらったりするのに使われてきました。モグラの毛が立っていて、ふつうの動物のようにねていないのも、トンネル内で前後自由に動き回

［上］川原慶賀の描いたかわいらしいモグラの写生図
［下］『ファウナ・ヤポニカ』に記載されたモグラ

モグラ塚はトンネルの残土

ることへの適応なのです。民間療法としてモグラの黒焼きを傷やはれ物に塗ることもおこなわれていました。いろいろな行事がおこなわれ、利用されていたのは、昔からモグラが身近な動物だったからなのです。

モグラは動物園の隠れた人気者

モグラはお日様を見ると死んでしまうというのは迷信です。里山の林や山地の落葉や腐葉土のなかに、ヒミズ（日不見）という、小型のモグラがいます。名前の

とおり、ほとんど日を見ることはありませんが、日中に道端などに出てくることもあります。モグラは生きた姿を人前にはめったに現さず、姿を見るときは死んでいることが多いので、日を見たり、日光に当たったりすると死ぬと思われてしまったのです。

北海道にはモグラは生息していませんが、北海道の人々が「モグラ」とよんでいる動物はいます。「トガリネズミ」といってネズミの名がついてはいますが、実際はモグラなどと同じ食虫類で畑や林、草地に4種がすんでいます。一番小さいトウキョウトガリネズミは世界最小の哺乳類(にゅうるい)のひとつで、人の小指ほどの大きさです。「トウキョウ」という名がついているのは、昔ヨーロッパに送られた標本のラベルのエゾという地名をエド（江戸）と間違えてつけてしまったのです。一番大きなオオアシトガリネズミを、北海道の人々はモグラとよんでいるのです。

私は多摩動物公園の飼育課長だった時に「土竜PT」すなわち「モグラプロジェクトチーム」を立ち上げました。モグラという名はだれもが知っていますが、生きているモグラを見た人は少ないと思います。そこで、モグラという有名な動物を飼育し、いつでも動物園で見られるようにしようと、「土竜PT」をつくったのです。幸い園内にもモグラが生息していたので、捕獲し、どうしたら飼えるかを研究し、いつでも生きているモグラを見ることができるように計画を進めました。熱心な飼育係の努力の結果、「モグラの家」という常設の飼育展示施設が出来上がり、いつでもモグラを観察できるようになりました。さらに「モグラの家」では世界最小の哺乳類のひとつ、トウキョウトガリネズミも飼われるようになり、隠れた人気スポットになっています。

ヒミズは「日不見」と書くが、日光が当たって死ぬことはない。

体長45ミリ程の世界最小の哺乳類(ほにゅうるい)、トウキョウトガリネズミ

多摩動物公園の「モグラの家」のモグラトンネル

カワウソ・ラッコ

河童のモデルになったカワウソ

　カワウソはイタチやテンと同じイタチ科の動物です。ユーラシアカワウソは主にユーラシア大陸に広く分布し、日本はその東端の生息地でした。ただし、最近のDNA研究で、日本にもともといたカワウソは大陸とは別のニホンカワウソだったともいわれています。江戸時代の各地の『諸国産物帳』にカワウソがのっていて、日本全国にいたことがわかります。シーボルトの絵師川原慶賀は「オス」「ウソ」「カワヲソ」の3枚の絵図を残していますが、どれもカワウソの幼獣です。江戸時代初期の狩野派全盛の基礎を築いた狩野探幽の『獺図』は成獣のカワウソを写実的に描いています。カワウソは、毛皮が良質なため明治時代に盛んに捕獲さ

[上] 川原慶賀が描いたニホンカワウソの幼獣
[下] 『獺図』狩野探幽（福岡市美術館所蔵〈黒田資料〉）

れて減少し、昭和30年代以降は四国にしか残っていませんでした。1965（昭和40）年に特別天然記念物に指定されましたが、回復することなく1979（昭和54）年の高知県須崎市での目撃を最後に、生きているものは確認されていません。ところが、2017（平成29）年に長崎県の対馬でカワウソが確認されました。ニホンカワウソ

韓国や中国のユーラシアカワウソ

の生き残りか、韓国から泳ぎ着いたユーラシアカワウソか調査がはじまり、興味がつきません。

　カワウソは河童のモデルとされ、高知県ではカワウソといえば河童を指す言葉でもありました。河童の足には水かきがあり、すばやく坂を登り、人を相手に相撲をとるのが好きで、頭のお皿に水があるときは力強く、水を失うと力も失うと伝えられています。水辺にすみ泳ぎが得意で、水中から顔を出したときのカワウソの姿は河童のモデルにぴったりで、前足が小さく後ろ足に水かきがある点なども河童と同じです。河童は背中に甲羅があり、毛のない尾、とがった鼻先はスッポンによく似ています。河童はカワウソとスッポンを合成してつくり上げたものかもしれません。寛永年間に捕えられた

河童のモデルになったカワウソは、泳ぎの名人で銀色の水泡を出しながら泳ぐ。

『画図百鬼夜行』に描かれた怪しいカワウソ　鳥山石燕

『寛永年中豊後肥田ニテ捕候水虎之図』寛永年間に、豊後国肥田に現れたという河童の図

と言われる河童の図が残されています。江戸時代後期に妖怪画を得意とした鳥山石燕の『画図百鬼夜行』にも怪しいカワウソが描かれています。

最近有名になったお酒に「獺祭」がありますが、ダツと読む「獺」の字はカワウソを意味する漢字です。カワウソが捕まえた魚を川岸に並べて置くのが、神に供えているのに似ていることから獺祭という言葉が生まれました。文人が詩をつくるのに机の周辺に参考書を広げて並べる様を、カワウソが獲物を並べる様子にたとえて、書斎を獺祭書屋などと呼ぶようになったのです。実際のカワウソは、とった魚はすぐに食べたり、巣に運んだりして、動物園でも魚を並べて食べるのを観察したことはありません。

山脇東洋は、江戸時代1754（宝暦4）年に日本ではじめて死刑囚を用いて人体解剖をおこない、1759（宝暦9）年に『蔵志』を著しました。山脇はカワウソの細長い体が人体と似ていると考え、人体解剖の前にカワウソで実験的な解剖をおこなったとされています。カワウソは日本の医学実験動物の先駆けになった動物でもあるのです。

ラッコは海のカワウソ

ラッコは北太平洋に分布し、千島列島からアリューシャン列島を経てカリフォルニア沿岸に生息しています。北海道東部沿岸にも生息していましたが、良質の毛皮を目的に乱獲され、姿を消してしまいました。最近になって、アラスカやロシアでの保護が実り、知床半島や根室半島に姿をあらわすようになりました。海に潜り、貝、カニ、エビ、イカなどをとり、お腹にのせて両前足に挟んだ石で殻を割って食べる仕草で水族館の人気者になりました。ラッコの後ろ足はホタテガイのような形に広がり、5本の指の間には水かきのあるひれになっています。海で生活するうちにアザラシなどに似た体形になりましたが、ラッコもカワウソと同じイタチ科の動物です。

北海道東部に少数が生息するラッコは海のカワウソ

アシカ・アザラシ

アシカとアザラシの違いは？

　北海道では海岸にトドやアザラシがいても珍しくはありません。本州以南では、ときどき迷子のアザラシが川に迷いこんだり海岸に漂着したりすることがあり、「タマちゃん」とか「カモちゃん」と川や海岸の名前をつけられ話題になります。漂着は昔からあったようで、1833（天保4）年に尾張熱田の海岸に迷い込んだアザラシの記録が残されています。海獣とよばれる哺乳類でクジラ、イルカ、ジュゴンを除いたアシカ、オットセイ、アザラシ、セイウチが鰭脚類とよばれるなかまです。鰭脚類はイヌ科に近いなかまで、イヌと共通の祖先が海でくらすようになり、4本の足がひれになったのです。アシカのほえるときの口は、イヌがほえるときの口によく似ています。

　アシカ、トド、オットセイなどアシカ科と、アザラシ科の海獣は、似ているようで違いがあります。アシカは4本の足で立って移動し、ひれ状の前足で水をかいて泳ぎます。ひれ状の長い後ろ足で体

千葉県鴨川の海岸で「カモちゃん」と名づけられたゴマフアザラシ

1833（天保4）年に尾張熱田に漂着したアザラシ

をかいて毛繕いをして、耳には耳介があります。アザラシは、体を前後にくねらせ胴体ではって移動し、ひれ状の後ろ足をふって泳ぎます。短い前足でかいて毛繕いをし、耳は穴が開いているだけで耳介はありません。セイウチはセイウチ科の長い牙をもつ大きな海獣で1860（万延元）年に北海道への漂着記録があります。

アシカは、かつてニホンアシカという種が、日本周辺の島で繁殖し、回遊していましたが、絶滅したと考えられています。1972（昭和47）年まで繁殖していた日本海の竹島では、1958（昭和33）年までアシカ漁がおこなわれていました。領土問題もあり、調査はできませんが、今は姿を確認できないようです。伊豆七島や紀伊半島周辺にも生息していましたが、明治時代の乱獲で絶滅したのです。1931（昭和6）年捕獲されたオスが、日本に残る唯一のはく製として残されています。オランダのライデン国立自然史博物館にも数体のニホンアシカが保管され、それをもとに描かれた細密な図が『ファウナ・ヤポニカ』に記載されています。

1860（万延元）年に北海道亀田半島の川汲村に漂着したセイウチ

アシカはかつて日本全国に生息していた

ニホンアシカの最後の生息地につながる、鳥取県の海岸から長崎県の壱岐にかけての縄文遺跡や弥生遺跡からはアシカの骨がよく出土します。瀬戸内海に面する弥生時代の遺跡からもアシカの骨が出ていて、アシカは全国的に生息し、各地の沿岸を回遊していたのです。江戸時代の儒学者菅茶山が著した『黄葉夕陽文庫』には、寛永年間に瀬戸内海の鞆の浦に現れたアシカが描かれ、日本海側の庄内藩

『両羽博物図譜』に描かれたニホンアシカ

『ファウナ・ヤポニカ』に記載されたニホンアシカ

の『両羽博物図譜』にも描かれています。

トドは世界最大のアシカで、冬季を中心に千島列島などの繁殖地から南下し北海道沖にあらわれ、岸の岩礁などで休む姿も観察できます。群れで回遊しスケトウダラなどの魚やミズダコなどを食べ、時には数百頭の大群になり大食漢なので、漁民からは嫌われているのです。オットセイは日本近海には冬から春にあらわれますが、沖合を回遊するので姿はあまり見ることはありません。

日本で繁殖している唯一のアザラシがゼニガタアザラシで、襟裳岬などの岩礁に集団でいるのを観察できます。アザラシの子は白いと思われがちですが、ゼニガタアザラシの子は黒っぽい色で生まれます。母親の胎内で生まれる前に白い毛は落ちてしまうのです。出産が黒っぽい岩礁でおこなわれることへの適応なのです。これに対して、もっと北の海の流氷の上で出産するゴマフアザラシは白い子を産み、3週間ほどの授乳期間を終えると白い毛が落ちて親のような灰色の毛になるのです。

1トンを超す最大のアシカであるトドのオス

オットセイのペア

クジラ

クジラはカバの親類！

生物の分類は、姿がよく似ているものを同じなかまとしてグループにすることからはじまりました。最近よくDNAという言葉を耳にしますが、20世紀の終わりごろからDNAを使った分類がおこなわれるようになりました。その結果、一番衝撃を受けたのはクジラやイルカがカバの親類という結果で、鯨偶蹄目というグループが新設されたのです。えさをとるときに開ける大きな口を見ていると、たしかにクジラとカバは似ているかもしれません。

クジラもイルカも同じなかまで、一般に大型のものをクジラとよび、小型のものをイルカとよびます。最大の哺乳類であるシロナガスクジラの最大記録は33メ

ザトウクジラは小笠原諸島や慶良間諸島のホエールウオッチングの主役

ートル、170トン、小型のミンククジラでも6.5メートル、5トンほどあり、ひげクジラのなかまはすべてクジラとよばれています。歯クジラの多く、とくに吻（動物の口先）がくちばしのように長いものをイルカとよぶ傾向があります。吻がなく丸い頭のものにはシャチ、スナメリ、ゴンドウなど独自の名でよばれているものもいます。マッコウクジラやツチクジラなどの大型の歯クジラはクジラとよばれています。

［左］人といっしょに泳ぐ、人気者の御蔵島のミナミハンドウイルカ
［右］最強の海の生き物シャチ

[左]『壱岐国鯨漁之図』『同神楽桟引揚図』三代目歌川広重
[右上]『千絵の海』葛飾北斎
[右下]『大漁 鯨のにぎわひ』歌川国芳

　縄文時代の貝塚からイルカやクジラの骨が出土することから、古代から食料になっていたと考えられています。捕鯨がおこなわれていたというより、偶然に浜に打ち上げられたイルカやクジラを食用としていたのかもしれません。今でも、イルカやクジラは死んで打ち上げられたり、湾内に迷いこんだりするストランディングで命を落とすことがあるのです。
　『鯨史稿』には三河で16世紀中ごろに、専業的な捕鯨がはじまったと書かれ、『慶長見聞集』では、尾張の漁師が三浦半島に進出して捕鯨業を経営したとされています。捕鯨が盛んになったのは、江戸などのように都市人口が増え、鯨肉、鯨油などの需要が増えたことによると考えられます。1832（天保3）年に出された『勇魚取絵詞』によれば、肉はもちろん骨や皮から油をとり、骨粉は肥料に、髭、歯、ひれなど余すことなく利用されていたのです。勇魚とはクジラを指す言葉ですが、1760（宝暦10）年刊行の『鯨志』にはクジラが哺乳類であることが書かれ、すでに日本人はクジラが魚でないことを知っていました。江戸時代の捕鯨の様子が有名な浮世絵師によって描かれています。歌川広重（三代目）の『壱岐国鯨漁之図』は壱岐、葛飾北斎の『千絵の海』は五島列島、歌川国芳の『大漁 鯨のにぎわひ』はバックの富士山から駿河湾辺りでしょうか。伊藤若冲の水墨画『象と鯨図屏風』は、黒いクジラと白いゾウという陸海の巨獣を対比させた不思議な世界に誘います。

『象と鯨図屏風』伊藤若冲

クジラの新種はこれからもみつかる

　最大の哺乳類であるシロナガスクジラは、19世紀には20〜30万頭はいましたが、20世紀の商業捕鯨で、1963（昭和38）年には4000頭にまで激減しました。1965（昭和40）年に全世界で捕獲が禁止されましたが、大型の哺乳類だけに繁殖率は低く、現在でも6000〜1万4000頭にしか回復していないと推定されています。同様にヒゲクジラの多くは減少し、捕鯨そのものが禁止されました。今は北極海沿岸や房総半島のツチクジラ漁などの昔から限られた地域でおこなわれていた土着の鯨漁だけが認められています。

　水族館の人気者であるイルカは、ハンドウイルカ、カマイルカ、オキゴンドウなどです。今はこうしたイルカの飼育も動物愛護の観点から反対する人が多く、欧米ではイルカを飼育することを禁止する国も出てきました。昔、捕鯨が盛んだった海では、野生のクジラやイルカを見るウォッチングがはじめられています。沖縄近海や小笠原諸島、御蔵島周辺の海で人といっしょに泳ぐイルカがいて、ミナミハンドウイルカというハンドウイルカとは別種のイルカだったことがわかりました。2003（平成15）年に新種として発表されたツノシマクジラは、1998（平成10）年に山口県角島沖で死体が見つかり島内に埋められていた骨格とDNAを再調査して判明しました。2002（平成14）年7月に鹿児島県川内市の海岸に打ち上げられたタイヘイヨウアカボウモドキは、日本初記録であると同時に、全身の確認は世界初のことだったのです。

　広大な海にはまだまだ謎があり、巨大なクジラでさえも21世紀になってから新種が見つかります。もしかすると、正しい分類をされる前に捕りつくされて絶滅したクジラもいるかもしれません。日本は捕鯨国として国際社会から非難されることもあり、新種発見のように科学的なデータを示していくことでクジラの謎を解明していくことも、鯨食文化をもつ民族として重要ではないでしょうか。

ゾウ

南蛮船が日本にゾウを連れてきた

　日本に生きたゾウがやって来た最初の記録は1408（応永15）年のことで、若狭の国に南蛮船がもたらしました。スマトラあたりの王から足利義持に贈られたもので、現在の福井県小浜市がゾウの日本初上陸地だったわけで、小浜市役所には『初めて象が来た港の図』が飾られています。このゾウがどこで飼われたかなどは不明ですが、室町幕府のあった京都で飼われていたとしたら、寒い冬の飼育はさぞ大変だっただろうと想像できます。このゾウは3年間飼われた後に、朝鮮の李王に贈られました。幕府はもてあまし気味の巨獣を体よく隣国に贈呈したのではないかと思います。

　生きたゾウが来る前から、象牙は日本に渡来していて、671（天智天皇10）年に、天皇が袈裟や象牙を法興寺（飛鳥寺）に奉納したことが『日本書紀』に書かれています。16～17世紀にかけて、ゾウの渡来は4回の記録が残っています。1597（慶長2）年のゾウはフィリピンのルソン経由で平戸へ来日し、京都の聚楽第で豊臣秀吉が見たとされています。1602（慶長7）年にインドシナから来たゾウは、トラやクジャクとともに徳川家康に贈られたも

『初めて象が来た港の図』（小浜市役所所蔵）

『象之絵巻』尾形探香（関西大学図書館所蔵）

のでした。

　享保年間に来たゾウは有名で、南の国からの贈呈ではなく、八代将軍の徳川吉宗の命により広南（現在のベトナム）から輸入されたものです。1728（享保13）年6月7日に、長崎にオスとメスの2頭が到着しました。メスは到着後3か月で死亡し、オスは翌年3月13日に長崎を出発し、大坂、京都を経て5月25日に江戸に到着します。京都では中御門天皇と霊元上皇に拝謁するため、広南従四位白象の位を与えられ、参内しています。この光景は尾形探香により『象之絵巻』として描かれています。

　この2か月の旅は歩いての移動でしたから、沿道では多くの人々がゾウの姿を見て、日本人がゾウという巨大な動物の存在を知ることになったのです。以来ゾウへの正しい認識が広まり、ゾウの絵、図案、彫刻など、それまでの想像や模写で描かれたものから一変しました。

　吉宗は、西洋の知識、情報を積極的に集めました。インドではゾウが戦車のよ

『享保十四年渡来象之図』

うに軍隊に使われていることに興味を持ったのではないでしょうか。江戸到着後すぐに江戸城で吉宗はゾウを見ています。吉宗は、ゾウが軍事目的に使えるかを探るためにゾウを輸入したといわれているのです。ゾウは浜御殿（現在の浜離宮）で飼育されました。それまでの浜御殿は将軍の別荘として、お休みになったり、賓客を接待したりする場所でした。吉宗は新しい作物の栽培をするなど浜御殿を農事試験場のように使ったといわれ、ゾウ

『本草図説』に描かれた、将軍が受け取らなかったセイロンゾウ

の家畜としての可能性も探ったのです。

　吉宗は12年間飼育して、手間のかかる大食漢のゾウは、とても兵器としては使えない、日本の家畜にもなりえないと判断したのでしょう。1741（寛保元）年4月、中野村の源助に払い下げてしまいました。源助はゾウを見世物に、ふんは乾燥させ黒焼にして薬と称して売り出しもうけたのです。しかし、管理が行き届かず、翌年12月に死んでしまいました。「吉宗のゾウ」が日本で14年7か月を過ごした間に、江戸では大変なゾウブームが起こります。ゾウの実物大張りぼてが、歌舞伎の主役になりました。「象が大き過ぎて江戸城の門を通れなくてな。体が半分しか入らなかったそうだ。それが半象門ってわけよ！」といった江戸小話まで残っています。

　1813（文化10）年にはオランダ船に見せかけたイギリス船がメスのセイロンゾウを連れてきて、将軍への献上を願い出ましたが、受け取りませんでした。1863（文久3）年にはアメリカ船が3歳のメスを横浜にもたらし、江戸の興行師にわたり、江戸両国で見世物として大変なにぎわいになったのです。享保以来123年ぶりの

『中天竺舶来大象之図』歌川芳豊

ゾウということで人気を博し、歌川芳豊の描いた『中天竺舶来大象之図』などの錦絵が盛んに売られました。中天竺とはマレー半島のマラッカあたりの事のようです。このゾウは伊勢の興行師にわたり難波、金沢などで興行し、明治時代まで生きて奈良で死にました。

ゾウの最大の天敵は人間

ゾウは動物園の人気者であり、現代の日本では実物を見る機会も多いので、絶滅の危機にあるなどとは思いもよらないかもしれません。しかし、アジアゾウは野生の個体はすでに2万頭しかいないと推定されている状況です。本来森林に生息する動物ですが、人口の増加に伴い森林伐採などで生息地は減少し、開墾された農地ではゾウと人との摩擦も生じ、害獣扱いされ駆除されるという事態も起きているのです。アフリカゾウはかつてアフリカ全土に生息していました。ローマの皇帝が権力の象徴としてコロッセウムで戦わせたゾウは北アフリカで捕獲されたと考えられ、北アフリカのゾウはローマ時代にすでに絶滅しました。40年ほど前まで、北アフリカを除くアフリカ全土に130万頭が生息していましたが、現在では半分以下の60万頭に減少しました。アジアゾウからの象牙の採取が厳しく規制されて困難になり、代わりにねらわれて盛んに狩られた結果なのです。

日本にも大昔にはゾウが生息していました。ナウマンゾウもそのひとつで、石器時代の私たち日本人の祖先による狩猟で絶滅したと考えられています。マンモスも人類に滅ぼされたゾウで、ウクライナの遺跡からは頭骨や牙を骨組みにしてつくられた住居跡が見つかり、1軒の家に96頭分が使われていました。肉は食料になり、皮はテント地や衣料として、マンモスのすべてが人の生活を支えていたのです。

ゾウは大きな体で、無敵の生き物のように思われます。唯一の天敵は人間で、人類の出現により、いつも追い詰められてきた動物なのです。現在まで生き残ったゾウもすべてがレッドデータブックで絶滅危惧種に指定されています。この巨大な生き物を地球上に残せるかどうかは、人類次第なのです。

アジアゾウは2万頭しかいない絶滅危惧種

陸上最大の動物アフリカゾウ

トラ・ライオン

『万葉集』の時代から知られていたトラ

　ライオンが西洋の猛獣の王者ならトラは東洋の猛獣の王者です。トラは朝鮮半島に生息していたこともあり、『万葉集』に「韓国の虎といふ神」と記載され、その存在は古くから知られていました。890（寛平2）年には、生きたトラが日本に輸入され、絵が残されています。戦国時代では、文禄・慶長の役での加藤清正のトラ退治が有名です。朝鮮半島に渡った武将から豊臣秀吉に生きたトラの献上があり、京都で飼われました。このときのトラのえさには、イヌを与えていたと伝えられています。

　江戸時代、1861（文久元）年にオランダ船がトラをもたらし見世物にしています。ヒョウもトラより早く1860（万延元）年にオランダ船にのせられてやって来て、両国広小路で見世物にされました。当時はヒョウをトラのメスと偽って見世物にする興行師がいたようで、江戸時代の『猛虎図』とされる錦絵には、おりに入ったヒョウが描かれています。両国からはトラの骨が出土したことがあり、見世物小屋で死んで埋葬されたトラとされ、江戸時代の見世物がこの地でおこなわれていたことがわかりました。

　トラの絵や図はたくさん残されていて、中国画の猛虎図を模写したり、虎皮から想像したりして描かれたものが多いようです。生きている実物を見ていないので、一番苦労したのが目ではないかと思われます。実際のトラの瞳は円いのですが、多くのトラの瞳がネコのように縦長に描

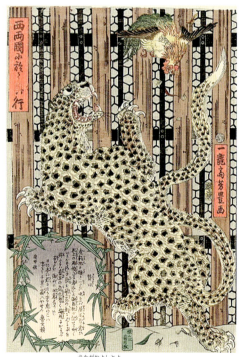

『西両国興行』歌川芳豊。江戸時代、トラのメスとして興行したヒョウ。

『遊虎図』円山応挙

かれています。虎皮は頭があっても目はついていないので、ネコの目を参考にしたようです。円山応挙の『遊虎図』など江戸時代のトラの絵がかわいらしく見えるのは、わからないところはネコをモデルにしたからではないでしょうか。伊藤若冲の『猛虎図』の瞳は円く、トラの生息地である中国の絵を参考に描かれたと思われます。

上野動物園は1882（明治15）年に開園し、しばらくの間は日本の動物や家畜が主流でした。開園から5年たった1887（明治20）年に、はじめて入った外国産の動物がトラだったのです。東京の佐竹っ原で興行していたイタリアのチャリネ大曲馬団つまりサーカスで、トラが3頭の子を産みました。佐竹っ原とは現在の秋葉原あたりのことで、トラの子は神田っ子虎とよばれて話題になっていました。上野動物園はヒグマの子2頭との交換で、オス・メス2頭のトラの子を手に入れたのです。この年の入園者は前年比で35.8パーセント増加し、24万人を突破し開園以来の新記録になりました。

『虎図』長沢芦雪

野生では絶滅したとされる中国のアモイトラ。江戸時代以前の猛虎図は、中国産のトラの絵や毛皮を参考に描かれたようだ。

トラの黄色い体にある黒いしま模様は、動物園では目立ちますが、ジャングルのなかではカムフラージュ効果を発揮しま

トラの瞳は円い

す。この迷彩姿で獲物にできるだけ近づき、跳びかかりますが失敗も多く、とくに子を持つ母トラは、子育てのために必死に狩りをします。母トラの子に対する愛情が際立っていることから、すごく大事なものを「虎の子」というようになったのです。

『猛虎図』伊藤若冲

ライオンはトラに1000年遅れて日本にやって来た

日本にはじめてライオンが来たのは1866（慶応2）年のことです。遠いアフリカの動物であるライオンは、近くに生息するトラに後れること1000年にしてやっと日本に渡来し、江戸は芝白金清正公廟所門前の空き地で見世物になったと伝えられています。ライオンは今でも少数がインドにも残っていますが、かつてはペルシャからインドにかけても生息していました。ペルシャからシルクロードを経て中国に獅子としてライオンの存在は伝わっていました。日本へも中国から獅子の情報が伝わり、これをもとに想像で描かれた獅子図が残されています。絵に描かれた獅子はライオンというよりは狛犬のようで、メスや子にもたてがみが描かれていたりします。蘭学者でもあった司馬江漢はペアのライオンを描いていますが、蘭書の『動物図譜』などを参考にしたようで、実物を見ていないだけに、たてがみに苦労した様子がうかがえます。歌川国芳の『三国妖狐図絵 南天竺の国王斑足太子怪力』のライオンのほうがたてがみがうまく描けているのは、国芳の

58　トラ・ライオン

『ライオン図』司馬江漢

『三国妖狐図絵　南 天竺の国王斑足太子怪力』歌川国芳

ライオンのペア

ほうが江漢より50年ほど後の絵師で、情報が多かったのでしょう。

　上野動物園がはじめてライオンを入手したのは1902（明治35）年のことで、ドイツの動物商ハーゲンベックからホッキョクグマやダチョウなどといっしょに購入したものです。13種のはじめて飼う動物が到着しましたが、一番の大物がライオンで、ペアで250ポンド、当時の日本円で2,474円22銭だったと記録されています。ライオンは「獅子来る」として人気をよび、連日見物人が押しかけ、一時は檻の前に巡査3名が配置されるほどの騒ぎとなったのです。「この室で一番人気を引くものは獅子であろう、この獅子は今年の春ハンブルグ市のハーゲンベックという人の所から買い求めたものであって、北アフリカ産で獅子のうちでも最も立派なものだといわれて居るバーバリライオンである」という書き出しで、2ページにわたる解説が上野動物園で最初のガイドブックに残されています。バーバリライオンはたてがみの立派なことで有名で、エジプトなどにも分布していました。最初にヨーロッパ社会に知られたライオンで、ローマ時代にコロッセウムなどで戦ったライオンと考えられています。文明社会に一番近い地域に分布をしていたことが災いし、20世紀初めには野生から姿を消しました。しかし、モロッコの王宮で飼われていたライオンがバーバリライオンの血を受け継いでいる可能性があり、絶滅から免れたかもしれないと期待されています。

キリン

日本人で最初にキリンを見た人物は？

『鳥獣人物戯画』に描かれた麒麟

『本草図説』に描かれた麒麟図

　一番背の高い動物で、ジラフという英名のキリンは、いつからキリンとよばれるようになったのでしょうか。もともと麒麟は中国では霊獣であり、日本に最初に伝わったのは霊獣としての麒麟で、『鳥獣人物戯画』に麒麟が描かれています。1663（寛文3）年にオランダ商館長から、4代将軍徳川家綱にオランダの動物学者ヨンストンの『鳥獣虫魚図譜』が献上されました。後に8代将軍徳川吉宗が野呂元丈に翻訳させ、平賀源内など江戸の学者や絵師は、日本では知られていない未知の動物を目にすることになります。ヨンストンの図譜を参考にサイ、ライオン、キリンなどを絵師たちが模写し、描いた絵図が残されています。そのなかに桂川甫周による『麒麟図』があり、霊獣ではなく、アフリカの背の高いキリンが描かれています。ただ、この日本で最初に描かれたと思われるキリンは、首は長いのですが、後ろ足が本物に比べ短いのです。桂川はまさかこんなに背の高い動物を想

キリンはアフリカに生息する一番背の高い動物

像できなかったのでしょう。

　日本人で最初に生きているキリンを見た人物のひとりとして記録に残っているのが、福沢諭吉です。福沢は幕府が1862（文久2）年に派遣した遣欧使節に通訳として同行していました。一行はパリ、ロンドン、ベルリン、ロッテルダム、アムステルダムの5都市で動物園を訪れました。一行のひとりの市川渡はキリンに「乏猟猁」という字をあて、ジラーベとよび「豹紋にして驢足、体は人より高く、頸の長さは六尺（約182センチ）、頂より蹄に至るまで高さ一丈五尺（約455センチ）強、木葉を食いて草を食せず」と日記に書いています。ウシやウマしか知らなかった幕末の人々にとってキリンはおどろきの動物だったに違いありません。

　1876（明治9）年にフィラデルフィア万国博覧会に出席した田中芳男は、いろいろな動物のはく製を持ち帰り、東京国立博物館の前身であった内山下町博物館で公開します。その中にキリンのはく製があり、残されている博物館の文書に麒麟として記載されています。博物学者で上野動物園の創設者である田中は、ヨンストンの『鳥獣虫魚図譜』や桂川の『麒麟図』を知っていたはずで、麒麟の名を使ったのでしょう。ちなみに中国ではキリンは長頸鹿と書き、麒麟とは別の存在として認識され、キリンは日本でしか通じない言葉なのです。

キリンのおかげで黒字になった上野動物園

　キリンの名が日本で広まったのは、1907（明治40）年のことです。上野動物園に日本初のキリンがやってきたのです。当時、動物園園長を兼務していた東京帝大の石川千代松博士は、高価なキリンの代金を捻出するために話題性のある名前、

ジラフではなく霊獣麒麟の名を使うことにしました。当時、飼育を担当した高橋峯吉(みねきち)は、「おっかない顔の動物が来ると思っていましたが、優しい顔の動物だったこと、背の高いことにおどろいた」と、『動物たちと五十年』で書いています。

霊獣としての麒麟には1本角、2本角、3本角の3タイプが知られています。江戸時代中期に中国から長崎に来て花鳥画の技法を伝えた沈南蘋(しんなんぴん)の『麒麟図』はいろいろな動物の合成のようで、角(つの)はシカの2本角です。1本タイプと3本タイプでは顔の真ん中、額に角が1本生えています。これに対し、キリンは一番たくさん角を持つ哺乳類(ほにゅうるい)で、5本角です。シカやウシなど300種以上いる角のある偶蹄類(ぐうているい)は、みんな左右対称の2本角です。その中で唯一キリンだけが、額から1本の角が生えていて、麒麟と共通します。キリンビールの麒麟マークは額に1本角で、足指の蹄(ひづめ)が2本であることや体の網目模様などキリンとの共通点も発見できるのです。ちなみにキリンビールも1907(明治40)年、上野動物園にキリンが到着した年に新しい社名に改名されました。赤字覚悟でのキリン導入でしたが、上野動物園ははじめて年間入園者が100万人を超え、黒字になったのです。

『麒麟図(きりんず)』沈南蘋(しんなんぴん)

キリンは哺乳類(ほにゅうるい)で一番多い5本の角(つの)をもっている。

パンダ

天武天皇はパンダを見ていた!?

　パンダは1972（昭和47）年日中国交回復の記念に中国から贈られ、カンカン、ランランのペアはたちまち日本中の人気者になりました。この年は私が多摩動物公園に就職した年で、到着したパンダをさっそく見に行ったことを覚えています。初公開の11月5日には、パンダを一目見たいと大勢の人が来園し、上野駅近くまで長蛇の列ができました。上野動物園はそれまでの年間入場者は300〜400万人くらいでしたが、パンダの来園で700万人のお客さんが詰めかけるようになりました。2頭が落ち着いた1年後には昭和天皇皇后両陛下もご覧になりました。1986（昭和61）年にはトントンが生まれて、公開するとパンダの子を一目見よう

パンダ、日本初めての一般公開の日。パンダに会えるまで2時間半待ちの長蛇の列（毎日新聞社提供）

ランランをご覧になる天皇、皇后両陛下（昭和天皇、香淳皇后）（毎日新聞社提供）

と再び園内は人の波で埋まったのです。少しでも混雑を緩和するため、園内にあった水族館を、1989（平成元）年に東京湾へ移し、葛西臨海水族園を開園しました。

日本へは奈良時代にパンダが来ていたかもしれません。当時も友好関係のシンボルとして中国の唐の女帝則天武后が天武天皇に2頭を贈ったことが、中国の古文書に記載されていました。残念ながら日本側では、パンダを受け取ったことが書かれている文献は見つかっていません。1400年も前からパンダの存在は中国では知られていましたし、親善大使として贈るほど価値のある動物だったのです。

私の子どものころの1951（昭和26）年発行の動物図鑑には、パンダはイロワケグマと書かれています。パンダの名はネパール語の「笹を食べる」という意味で、最初はレッサーパンダにつけられた名前です。ジャイアントパンダの学名は *Ailuropoda melanoleuca* といい、アイルロポーダ・メラノレウカと読みます。アイルロはレッサーパンダ、ポーダは足、メラノは黒、レウカは白という意味です。ジャイアントパンダはレッサーパンダより半世紀ほどおそく発見され、「レッサーパンダに似た足をもつ白黒の動物」と名づけられたのです。

［上］パンダブームの先がけ、オスのカンカン
［下］人気者になったパンダの子トントン

パンダを絶滅させないために……

クマは人のように親指と他の4本の指とを向い合せてものをつかむことはできません。これはパンダも同じなのですが、パンダは竹を手でつかんで食べています。親指の内側にある骨が大きくなり、その骨にかぶさる肉球を「第6の指」とよんでいます。「第6の指」と本物の指とで竹を挟むようにつかんで持つのです。最新

の研究ではジャイアントパンダはクマ科、レッサーパンダはレッサーパンダ科に分類されています。両種が同じなかまとされてしまったのは、竹をつかめる同じような肉球をもっていたからです。生態に共通点があり、異なるグループの生物どうしが似た形態になることを収れん進化といい、竹をもつことのできる2種のパンダの手もその好例なのです。

中国では10年おきに野生のパンダの生息数を調査していて、第4回になる2011〜13年の調査では1864頭でした。第1回の1974〜77年は2459頭いたのに、第2回の1985〜88年には1114頭しか確認できませんでした。この原因は1980年代にパンダの生息地で竹が開花し実をつけ枯れてしまい、たくさんのパンダが餓死したからです。日本では毎年1000〜5000頭のクマが駆除されていることを考えると、広い中国でこれだけしかいないのは、本当に心細いことなのです。

上野動物園の新しいパンダ、シンシン

竹をつかんで食べるシンシン

とリーリーは2011（平成23）年2月に来園して、すぐに東日本大地震にあい、動物園も閉園になりました。4月1日から再び開園すると、多くの人がパンダに会いに来ました。東京に避難している被災地の家族も招待しました。子どももおとなもパンダを見ると、みんな笑顔になったのです。現在、中国から世界各地に貸し出されているパンダのレンタル料はパンダの保護に使われています。パンダが地球上から姿を消さないよう、いつの時代の子どもたちもパンダを見て笑顔になれるよう、守っていかなければなりません。

笹（ささ）をつかんで食べるレッサーパンダ

●著者略歴

小宮 輝之（こみや・てるゆき）

1947年、東京生まれ。1972年明治大学農学部卒業、多摩動物公園の飼育係になる。トキ、コウノトリ、ツル、ガンなど希少鳥類の域外保全に関わり、多摩動物公園、上野動物園の飼育課長を経て2004年から2011年まで上野動物園園長。日本動物園水族館協会会長、日本博物館協会副会長を歴任。ふくしま海洋科学館理事、山階鳥類研究所評議員。明治大学兼任講師、東京農業大学、宇都宮大学、山梨大学非常勤講師。主な著書に『日本の家畜・家禽』（学習研究社2009年）『物語 上野動物園の歴史』（中央公論新社2010年）『昔々の上野動物園、絵はがき物語』（求龍堂2012年）『くらべてわかる哺乳類』（山と渓谷社2016年）『Zooっとたのしー！ 動物園』（文一総合出版2017年）などがある。

日本人と動物の歴史　②野生動物

2017年10月31日　初版1刷発行

著者　小宮輝之
発行者　荒井秀夫
発行所　株式会社ゆまに書房
　　　　東京都千代田区内神田2-7-6
　　　　郵便番号　101-0047
　　　　電話　03-5296-0491（代表）

印刷・製本　株式会社シナノ
本文デザイン　川本 要
©Teruyuki Komiya 2017　Printed in Japan
ISBN978-4-8433-5223-6 C0639

落丁・乱丁本はお取替えします。
定価はカバーに表示してあります。